rausgeblickt: Pandemie und Markt

rausgeblickt:
Joseph Stiglitz

*

Pandemie und Markt

Ein Gespräch über eine gerechte Weltwirtschaft

Herausgegeben von
Thomas Hartmann, Jochen Dahm und
Christian Krell

DIETZ

Bibliografische Information der Deutschen Nationalbibliothek
Die Deutsche Nationalbibliothek verzeichnet
diese Publikation in der Deutschen Nationalbibliografie;
detaillierte bibliografische Daten sind im Internet
über http://dnb.dnb.de abrufbar.

ISBN 978-3-8012-0607-9

Verlag J.H.W. Dietz Nachf. GmbH
Dreizehnmorgenweg 24, 53175 Bonn

Umschlag: Petra Bähner, Köln
Satz: Rohtext, Bonn
Druck und Verarbeitung: Eberl & Koesel, Krugzell

Printed in Germany 2021

Besuchen Sie uns im Internet: www.dietz-verlag.de

* rausgeblickt *

Thomas Hartmann und Jochen Dahm

Wir sind verwundbarer, als wir geglaubt hatten. Die Corona-Pandemie hat das schonungslos offen gelegt. Sie wirkt wie ein Treiber für die strukturellen Probleme der Gegenwart, für die Ungerechtigkeiten und Widersprüche in unserer Art zu leben und zu wirtschaften.

Neben der Bedrohung durch Krankheit und Tod, hat sich auch der Alltag der Menschen grundlegend verändert. Manche profitieren von neuer Flexibilität im Homeoffice. Viele aber haben die Schutzmaßnahmen an wirtschaftliche und psychologische Belastungsgrenzen gebracht. Freiheiten, die bislang selbstverständlich waren, wurden eingeschränkt – im Alltag und an Grenzen.

Falschmeldungen und Verschwörungsmythen verbreiten sich rasant. In der Krise gab es Hamsterkäufe, aber auch neue Formen gelebter Solidarität durch gesellschaftliches Engagement und Nachbarschaftshilfe. Das Vertrauen in den Staat und das Bewusstsein für die Notwendigkeit öffentlicher Regulierung wurde gestärkt. Jede Krise kann daher auch eine Chance sein. Sie schärft den Blick für das, was wesentlich ist. Sie kann den Anstoß geben, nicht nur im Krisenmodus aktuelle, sondern auch strukturelle Probleme nachhaltig anzugehen: etwa im Bildungssystem, auf dem Arbeitsmarkt, im Gefüge der demokratischen Institutionen, in der Klimapolitik oder im internationalen Handelssystem; zwischen den Geschlechtern, Arm und Reich, Jung und Alt.

In der Reihe »rausgeblickt« sprechen wir mit herausragenden Gästen aus Wissenschaft, Politik und Zivilgesellschaft darüber, wie sich unsere Demokratie, die Gesellschaft und die Wirtschaft künftig gerechter und solidarischer gestalten lassen. Die Krise ist der Ausgangspunkt, um alte und neue Missstände zu diskutieren, die Widersprüche des modernen Kapitalismus und unsere eigene Haltung zu hinterfragen – dabei aber den Blick stets nach vorne gerichtet.

Mit der Transformationsforscherin **Maja Göpel** sprechen wir über den Klimaschutz als effektivste Form der Pandemie-Vorsorge und über die Grundlagen einer nachhaltigen Welt. Starökonomen **Thomas Piketty** diskutiert in dieser Reihe über die Auswirkungen der Pandemie auf die wachsende Ungleichheit und die Überwindung der Ideologie des Kapitals. Die Journalistin **Teresa Bücker** sieht Frauen von der Krise ungleich härter getroffen. Sie spricht mit uns daher über ihre Vision einer feministischen Zukunft. Nach dem Kultursoziologen **Andreas Reckwitz** könnte die aktuelle Entwicklung sogar zu einer Neuerfindung von Staat und Gesellschaft führen. Er er plädiert für einen einbettenden Liberalismus. Die Politikwissenschaftlerin **Gesine Schwan** denkt in unserem Gespräch über den Zusammenhalt und die Renaissance des Solidaritätsbegriffs in der Krise nach. Sie nimmt insbesondere progressive Akteure in die Pflicht, Brücken zwischen den unterschiedlichen gesellschaftlichen Gruppen zu bauen. Auch der Soziologe **Heinz Bude** sieht neues Potenzial für eine solidarische Gesellschaft und betont zugleich die wachsende Bedeutung des schützenden Staates. Für die politische Philosophin **Lisa Herzog** bleibt die Arbeit ein zentraler Bestandteil der Gesellschaft, ein Ort, an dem sich Menschen begegnen. Sie macht konkrete Vorschläge für eine demokratischere Arbeitswelt.

In diesem Band sprechen **Christian Krell** und der Wirtschaftsnobelpreisträger **Joseph Stiglitz** über die Leitplanken einer gerechteren Weltwirtschaft. Er macht klar, dass nur mehr und nicht weniger globale Kooperation die Wirtschaft in jedem Land wiederbeleben kann.

*

Meine Damen und Herren, herzlich willkommen zu einer neuen Ausgabe von »rausgeblickt«, der Gesprächsreihe der Friedrich-Ebert-Stiftung über die Welt in Zeiten der Corona-Pandemie und darüber, was das Virus zutage fördert, wo es uns herausfordert und wie wir seine Folgen mit klugen Ansätzen überwinden und vielleicht aus der Lage lernen können. Mit dieser optimistischen Note haben wir die Reihe konzipiert und spannende Gespräche mit Persönlichkeiten aus Wissenschaft und Politik geführt. Mein Name ist Christian Krell, und heute begrüße ich einen ganz besonderen Gast: Professor Joseph Stiglitz. Schön, dass Sie da sind.

* **Stiglitz** *

Ich freue mich, dabei zu sein.

* **Krell** *

Professor Joseph Stiglitz, um ihn kurz vorzustellen, auch wenn die meisten ihn kennen, ist ein herausragender, international anerkannter Wissenschaftler. Der Ökonom, Hochschullehrer und Publizist hat seit den 1960er-Jahren eine große Zahl weithin beachteter Schriften veröffentlicht. Er hat die Debatten über Ökonomie, Globalisierung und Ungleichheit massiv befördert. 2001 erhielt er den Nobelpreis für Wirtschaft und ist als öffentlich Intellektueller eine wissenschaftliche wie moralische Instanz. Professor Stieglitz ist ferner Politikberater. Er arbeitet für ungefähr 50 Regierungen weltweit, hat die US-Präsidenten Clinton und Obama beraten und war stellvertretender Präsident und Chefökonom der Weltbank.

Ich habe mir erlaubt, eine kleine Agenda für unsere Diskussion vorzubereiten: Wie ist die ökonomische Lage unter Covid-19 und wie sind die Folgen weltweit? Und ausgehend von dieser Frage wollen wir uns mit den allgemeinen großen Trends befassen, der Globalisierung, der Ungleichheit, ungerechter Vermögensverteilung und natürlich mit der Demokratie in unseren westlichen Gesellschaften. Am Ende interessiert mich, was wir tun können, wenn wir die Welt nicht so lassen wollen, wie sie jetzt ist. Was sind die Ideen, die uns nach vorn blicken lassen?

Professor Stiglitz, Sie haben viel zum Thema Globalisierung geschrieben. Es gibt unter anderem zwei neuere Bücher, die auch auf Deutsch vorliegen, *Chancen der Globalisierung* ist der Titel des einen und *Die Schatten der Globalisierung* ist der Titel des anderen. Wie hieße ein Buch über die Globalisierung, wenn Sie es jetzt in Zeiten von Covid-19 schreiben würden?

*** Stiglitz ***

Nun, ich würde sagen, *Mach's noch einmal besser!* (Go Back Better!) Das wäre vielleicht das wäre ein guter Titel. Das heißt, ich würde den

Kreis ein bisschen weiter ziehen und durchaus auch auf das zu sprechen kommen, was Joe Biden einmal die Segnungen der Pandemie genannt hat. Nun, das ist vielleicht nicht gerade die beste Formulierung, aber wir wissen doch, dass die Pandemie eine ganze Reihe von wichtigen Fragen aufgeworfen hat, die auf verpasste Chancen in der Vergangenheit verweisen, und zwar in unterschiedlicher Hinsicht. Zum einen ist es so, dass die Pandemie uns gezeigt hat, dass unser Planet klein ist und dass dieses böse Virus sich nicht darum schert, welchen Pass wir haben oder wo wir leben. Das heißt, wir sitzen hier tatsächlich alle im selben Boot, und wir sind ganz stark zurückgeworfen auf den Gedanken der globalen Kooperation.

> **» Wir brauchen mehr globale Kooperation, nicht weniger, um die Covid-Krise zu überwinden.**

Wir haben multilaterale Organisationen, die sind vielleicht nicht perfekt, aber sie funktionieren relativ gut, ähnlich wie die Regierungen. Es gibt die Weltgesundheitsorganisation WHO, es gibt den Internationalen Währungsfonds IWF, der momentan eine starke Führungsrolle übernommen hat und sich mit den ökonomischen Konsequenzen der Pandemie auseinandersetzt. Vor allen Dingen in den Entwicklungsländern und in den Schwellenländern. Das heißt, wir haben es hier zu tun mit einem Ruf nach globaler Kooperation, angestoßen durch das Virus. Allerdings zeigt es uns auch unsere Schwächen. Insbesondere zeigt es uns, dass unsere Ökonomien überhaupt nicht resilient sind. Die USA besitzen durchaus die Kapazitäten, um Schutzinstrumente, Schutzausstattung, Masken und Ähnliches zu produzieren. Aber wir waren eingebettet in eine globale Materiallieferkette, die keineswegs unverletzlich ist. Das heißt, wir haben unsere Abhängigkeiten erkannt durch die Pandemie und haben tatsächlich damit auch die Möglichkeit bekommen, ein bisschen besser einzuschätzen, wie resilient unsere Ökonomien sind. Stellen wir das mal in einen etwas größeren Kontext. Denken wir zurück an das Jahr 2008 und die weltweite Finanzkrise. Damals war der Privatsektor extrem kurzsichtig. Niemand hatte die bestehenden Risiken gemanagt, die waren allen egal. Das heißt, man kümmerte sich um kurzfristige Profite. Gewinnstreben – das war es, worum es ging. Aber das Langfristige wurde ausgeblendet, und das war dann natürlich etwas, das Konsequenzen auch für die globalen Lieferketten hatte. Man versuchte, hier oder da vielleicht einen kleinen Cent zu sparen, aber es war den Leuten tatsächlich völlig wurscht, ob es vielleicht irgendwelche Brüche geben könnte in diesen globalen Lieferketten. Und ob vielleicht eine Pandemie kommen könnte, darum kümmerte sich auch niemand. Im Grunde ist das so, als würde man Autos ohne Ersatzreifen bauen. Ich meine, solange man keinen Platten hat, ist das egal, denn man spart ja Geld, wenn man auf den Ersatzreifen verzichtet. Aber wenn man einen Platten hat, dann ist man wirklich in einer ganz miserablen Situation, vor allen

Dingen, wenn man irgendwo im Nirgendwo am Straßenrand steht und weit und breit keine Tankstelle in Sicht ist.

Also, es gibt eine ganze Reihe von Aspekten, die wir sehen müssen, wie zum Beispiel solche Schwächen, die uns die Pandemie gezeigt hat. Auf der anderen Seite hat die Pandemie deutlich gemacht, dass wir wirklich global zusammenarbeiten müssen und zwar verstärkt. Wir brauchen mehr globale Kooperation, nicht weniger, um die Covid-Krise zu überwinden. Das Ganze kommt natürlich zu einer Unzeit, denn in den letzten vier Jahren hatten wir in den USA einen Präsidenten, der das internationale Recht, die internationale Rechtsstaatlichkeit nach Kräften untergraben hat. Einen Präsidenten, der schwere Attacken gefahren hat gegen den Multilateralismus, gegen fast jede internationale Zusammenarbeit, und bedauerlicherweise ist im Kontext all dieser negativen Aspekte, die er verursacht hat und die in diesem Zusammenhang zu sehen sind, die Frage der Resilienz ein ganz besonders problematischer Punkt.

*** Krell ***

Es sind schwere Zeiten, und die Pandemie kam wirklich zu einem schlechten Zeitpunkt, das ist wahr. Wenn wir uns die Reaktionen anschauen in den Ländern – und Sie haben bereits die USA genannt –, da sahen wir auf unterschiedlichen Ebenen zwar Solidarität, Kooperation, Hilfe für die Schwachen, Kranken, Alten. Aber wir sahen auch Egoismus und Individualismus. Lässt sich das auf die staatliche Ebene übertragen? Sehen Sie das dort auch?

*** Stiglitz ***

Oh, ganz gewiss. Was wir zum Beispiel beobachten können international, ist die Suche nach Impfstoffen, Therapeutika. Und in der Welt der Wissenschaft hat es nie so viel Zusammenarbeit gegebenen wie jetzt. Als Akademiker verstehen Sie sicher, was ich meine: Publikationen herauszubringen, ist im Augenblick ein bisschen weniger wichtig geworden. Man hat das beiseitegeschoben, man arbeitet rund um die Uhr, um zum Beispiel medizinische Antworten auf Covid-19 zu geben, Therapien zu finden, Impfstoffe zu entwickeln. Die wissenschaftliche Community hat sich verpflichtet, das Wissen, das sie hervorbringt, zum Besten aller nutzbar zu machen. Natürlich will man in dieser Community Prioritäten setzen – zum Beispiel ist es wichtig, dass diejenigen, die im Gesundheitssektor arbeiten, geschützt sind oder geimpft werden. Hier hatten wir durchaus das richtige Leadership, wenn man so möchte. Auf der Regierungsebene aber gab und gibt es unterschiedliche Reaktionen. Schauen wir zum Beispiel auf Costa Rica: Die WHO verfügt über das Wissen, wie reagiert werden könnte auf Covid-19, und das übernimmt man in diesem Land. Man will gewährleisten, dass tatsächlich alle Zugang zu Wissen und Hilfe haben, und man organisiert sogar Kampagnen, damit genug Geld da ist für die Entwicklungsländer, damit die dann etwas entwickeln können. Das ist sehr viel Unterstützung seitens der WHO, und das ist sozusagen echtes Leadership in einem so kleinen Land wie Costa Rica. Auf der anderen Seite sehen wir die USA. Da sagt ein Präsident Trump, er wolle nicht zulassen, dass Material, das für die Produktion von Masken gebraucht wird, aus den USA exportiert werde. Er realisiert gar nicht, dass wir tatsächlich viel mehr Gesundheitsprodukte importieren, reimportieren als exportieren. Und wenn wir das nicht täten, wären wir in einer wirklich sehr schlechten Situation. Was wir hier sehen, ist die Kurzsichtigkeit, die ich zu Anfang unseres Gespräches meinte, ich könnte gewissermaßen auch Ignoranz sagen. Nicht einmal zu verstehen, was im eigenen Haushalt passiert, fördert eine nativistische Sichtweise. Das geht natürlich nicht. Diese egoistische Haltung und Sichtweise bringt das Schlimmste im Menschen hervor. Dieser Kontrast zwischen Ländern, die sehr negativ reagieren, und anderen Ländern, die das Beste im Menschen hervorzubringen versuchen, ist die große Herausforderung, vor der wir politisch stehen.

Aber selbst dann, wenn wir alle moralischen Fragen außen vorlassen, und auch die Frage nach der Solidarität, so sehen wir trotzdem noch ein gewisses Maß an Irrationalität in diesem Verhalten wie Trump es zeigte: Also, es ist doch gegen das eigene Interesse, nicht zu kooperieren, richtig?

» Die Pandemie hat uns gezeigt, dass unser Planet klein ist und dass dieses böse Virus sich nicht darum schert, welchen Pass wir haben oder wo wir leben. Wir sitzen hier tatsächlich alle im selben Boot.

Es gibt zwei Dimensionen, und ich betone das immer wieder: Es gibt auf der einen Seite die Gesundheit im medizinischen Sinne, und auf der anderen Seite gibt es die Gesundheit der Ökonomie. Ich habe eingangs gesagt, dass wir wussten, dass dieses Virus keine Grenzen achtet. Diese Krankheit ist grenzübergreifend, und wenn sie irgendwo eine Bedrohung darstellt, dann stellt sie überall eine Bedrohung dar. Insofern ist es wirklich und tatsächlich im Interesse aller Menschen in der Welt, dass wir diese Pandemie unter Kontrolle bringen. Natürlich haben wir schon ähnliche Kampagnen gehabt in der Vergangenheit, gegen Masern, gegen die Pocken und all diese Krankheiten, die wir ausrotten wollten. Schon damals ist klar geworden, dass wir, wenn wir es mit einer ansteckenden Krankheit an einen Ort zu tun haben, diese überall bekämpfen müssen. Und das Gleiche gilt für die Gesundheit unserer Ökonomie. Wir wollen eine starke Erholung der Weltwirtschaft. Das bekommen wir aber nur hin, wenn sich die Wirtschaft tatsächlich überall auf der Welt erholt.

2008 hatte China eine ganz entscheidende Rolle bei der globalen Erholung der Wirtschaft gespielt. Dort gab es Wachstumsraten von 8, 9, 10, 11, 12, ja bis zu 13 Prozent. Das war ein wahrer Boom, und die ganze Welt hat davon profitiert. Das haben wir aktuell nicht mehr. Für China werden 1, 2, 3, vielleicht 4 Prozent Wachstum vorhergesagt, aber wir wissen bereits jetzt schon, dass es Importbeschränkungen gibt, dass es mehr Mehrwert geben wird, dass aber auch mehr Überschüsse generiert werden und so weiter. Was wir brauchen, ist eine wirklich breit aufgestellte Erholung der weltweiten Wirtschaft. Folglich ist es im Interesse eines jeden Landes zu gewährleisten, dass sich auch jedes Land wirklich erholen kann.

Ich will Ihnen ein Beispiel geben, um es anschaulicher zu machen. Der Internationale Währungsfonds hat die internationale Gemeinschaft dazu aufgerufen, 500 Milliarden Dollar an sogenannten Sonderziehungsrechten auf den Markt zu bringen. Das ist sozusagen international generiertes Geld, das enorm wertvoll sein wird, vor allem für die Schwellen- und die Entwicklungsländer. Es ist ein riesiges Rettungspaket, ein Programm, das sich die Schwellenländer allein überhaupt nicht leisten könnten. Das ist tatsächlich ein zutiefst solidarischer Appell – eine Solidarität, die auch im besten Interesse der anderen Länder ist. Die USA – oder besser gesagt: die Trump-Administration – sperrten sich dagegen. Ja, man muss deutlich sagen, es war die Regierung Trump. Denn die US-Demokraten haben an das Repräsentantenhaus und an den Senat appelliert, Gesetze auf den Weg zu bringen, die das Volumen der Sonderziehungsrechte, die auf den Markt gebracht werden, auf zwei Billionen Dollar erhöhen. Das heißt, die Demokraten realisierten sehr wohl, dass wir mit der Welt in diesem einen Boot zusammensitzen. Bedauerlicherweise aber hatten wir lange eine Regierung im Land, die eine ganze Menge Sachen nicht verstand und extrem kurzfristig und egoistisch agierte.

*** Krell ***

Das ist, finde ich, eine wichtige Aussage. Vielleicht steigen wir noch ein bisschen tiefer ein in die Frage der Globalisierung. Damit meine ich die allgemeinen Aspekte der Globalisierung. Wenn man sich die letzten zwei, drei Jahrzehnte anschaut, da vollzog sich die Globalisierung vor dem Hintergrund bestimmter Dinge, bestimmter Paradigmen, die anerkannt waren.

Aber Sie, Herr Stiglitz, haben sich kritisch dazu geäußert, Sie haben zu einer bestimmten Art der Globalisierung gesagt, das sei Fundamentalismus des freien Marktes. Was meinen Sie damit?

*** Stiglitz ***

Ja, Fundamentalismus. Also, ich beziehe das ein wenig auf den religiösen Fundamentalismus. Ich stelle das in Zusammenhang. Da geht es darum, wie die Märkte am besten funktionieren können, und hier müssen wir uns auf wissenschaftliche Erkenntnisse stützen. Es ist ja klar, dass ich so rede, denn so funktioniert mein akademisches Leben: Man muss empirisch arbeiten, die Theorie *und* die Praxis anschauen. Es gibt sehr einflussreiche Ideen, die sind irgendwann aufgekommen, und wir springen auf diesen Zug auf. Ein paar Jahre oder Jahrzehnte später merken wir dann: Nein, hat nicht gestimmt. Nehmen wir zum Beispiel Adam Smith und seine Idee von der „unsichtbaren Hand". 1776, also vor 250 Jahren, hat er gesagt, dass das Streben nach Eigeninteresse durch diese unsichtbare Hand gleichsam gelenkt werde. Na ja, also Adam Smith hat das eigentlich selber nicht geglaubt. Er dachte, das sei eine interessante Idee und hat sie geäußert. Unternehmer kommen zusammen und treffen Absprachen, um sich sozusagen besser dar- und aufzustellen und um gegen Arbeitnehmer vorzugehen, die sagen, wir brauchen eine Regierung, die den Wettbewerb anheizt – also eine unsichtbare Hand ist das nicht, an die hat Adam Smith nicht wirklich geglaubt. Und diejenigen, die nach ihm kamen, haben Smith auch gar nicht so verstanden. Das alles bedeutet: Der Grund, warum diese unsichtbare Hand „unsichtbar" genannt wurde, lag einfach darin, dass sie nicht existierte. Das Streben nach Eigeninteresse führt eben nicht zum Wohlergehen der ganzen Gesellschaft, sondern zu Gier. Zum Beispiel bei den Banken. Gier hat 2008 zur Finanzkrise geführt, und zwar nicht nur in einem Land, sondern in vielen Ländern. Selbst wenn man von Marktfundamentalismus spricht: Inzwischen ist es auch in den USA so, dass die CEOs der großen Unternehmen erkannt haben, dass das Streben nach Shareholderwerten nicht zum Wohlergehen aller oder der Gesellschaft führt. Und deswegen gibt es jetzt einen allgemeinen Konsens zwischen den Unternehmensleitungen, dass jener Kapitalismus der Aktionäre – wenn man sich das deutsche Modell anschaut –, wo auch Klimafragen, Arbeitnehmerfragen und so weiter berücksichtigt werden, richtig und wichtig ist. Diese Dinge sind genauso wichtig wie die Interessen der Aktionäre. Ich glaube, da hat sich eine deutliche Wahrnehmungsänderung vollzogen. Auch die Rhetorik ist eine andere geworden. Da gibt es inzwischen große Unterschiede, zumindest auf intellektueller Ebene, denke ich. Wenn wir uns jedoch die globalen und regelnahen Institutionen anschauen, zum Beispiel die der Europäischen Union und anderer Institutionen, sehen wir, dass diese Institutionen eine andere Rolle spielen. Wie kann man nun die eingefleischten Ansichten, diesen eingefahrenen Weg verlassen? Nun, ich denke,

Institutionen hinken häufig dem intellektuellen Wandel hinterher. Das sehen wir auch an den Entscheidungen der Gerichtshöfe. Da sind Entscheidungen getroffen worden, zum Beispiel am *Supreme Court*, auf Grundlage dessen, was man wahrgenommen hat: Ja, der Markt müsse immer den Wettbewerb fördern und tue dies auch... Stimmt das? Also ich glaube, da muss man genauer hinschauen. Nein, wir leben nicht in einem wettbewerbsträchtigen Markt, sondern wir haben nur daran geglaubt, dass wir in einem wettbewerbsträchtigen Markt leben. Aber wir müssen genau hinschauen und einen Umgang mit dieser Einsicht finden. Ich denke, es geht hier um einen konstanten Kampf, den wir führen müssen, und möchte Ihnen gern ein Beispiel aus Europa geben.

Im Zeitalter des Neoliberalismus heißt es, der Staat solle sich zurückhalten und überhaupt nicht am Markt intervenieren. Europa hat jetzt aber gesagt: Wir wollen eine grüne Erholung der Wirtschaft. Wir wollen einen grünen Umbau. Warum? Das liegt auf der Hand. Weil fossile

Brennstoffe uns nicht weiterführen, im Gegenteil. Der Markt selbst konnte diese Richtungsänderung aber nicht vornehmen. Das heißt, die Regierung muss hier steuernd eingreifen in Richtung auf eine grünere Wirtschaft, und sie hat die Ressourcen, um genau das zu tun.

» Es gibt zwei Dimensionen, und ich betone das immer wieder: Es gibt auf der einen Seite die Gesundheit im medizinischen Sinne, und auf der anderen Seite gibt es die Gesundheit der Ökonomie.

Offiziell hat Europa die Ideologie des Neoliberalismus nicht aufgegeben, in der Theorie. In der Praxis aber schon. Die junge Generation sieht das und sagt: Okay, das wird sich ändern. Die Wissenschaft, so heißt es, ändert sich hingegen nur langsam. Es gibt ein Begräbnis von Meinungen nach dem anderen, bis wir da durch sind. Das ist meine optimistische Grundlage für den Wandel in der Gesellschaft. Nicht nur ich spreche von „Begräbnissen“. Die Studierenden, mit denen ich spreche, die sehen, was los ist. Der Klimawandel ist hier an vorderster Stelle zu nennen. Auch die Ausbeutung auf den Märkten ist etwas, das zu einem eklatanten Wandel führen wird. Seit die Eurozone gegründet wurde, ist viel passiert, die Verträge, die Institutionen, die uns weitergebracht haben. Dieser Optimismus ist natürlich gut.

Die Menschen müssen sich auch daran erinnern, was es heißt, einen solchen Marktoptimismus zu hegen. Kommunismus stand für Niedergang. Wir dachten, in der Marktwirtschaft liegt die Zukunft, da gibt es viele Impulse, das wird Zuversicht auf den Märkten schaffen. Aber so ist es ja dann nicht gekommen. So erfolgreich war die Marktwirtschaft dann auch wieder nicht. Und wir hätten uns bewusst sein müssen, dass es nicht nur Probleme im Kommunismus gab, sondern auch in der Marktwirtschaft, wenn es darum geht, allen Menschen die gleichen Chancen zu geben, und dass das nicht automatisch passieren wird. Nein, wir müssen schauen, was in den Ländern der Welt passierte. Da gab es eine Zeit, wo sehr viel geschehen ist, um das eine Prozent reicher Menschen auf der Welt noch reicher zu machen und die restlichen 99 Prozent irgendwie unter den Tisch fallen zu lassen. Das ist ja im Kern auch das Problem, das wir heute in den USA sehen: dass nämlich jene Eliten, die solche politischen Maßnahmen verfochten haben mit dem Argument, alle würden davon profitieren, diskreditiert sind. Es ist natürlich ganz anders gekommen.

*** Krell ***

Auf die Ungleichheit müssen wir gleich noch zurückkommen. Ich möchte zunächst eine andere Frage stellen. Sie haben gesagt, das Mantra des freien Marktes ist unablässig rauf- und runtergebetet worden.

Jetzt aber ist dieses Mantra herausgefordert worden. Was bedeutet das? Wird es jetzt eher zu einem Prozess der Deglobalisierung kommen oder zu einer anderen Art der Globalisierung? Was glauben Sie?

*** Stiglitz ***

Ich denke, es wird sich eine andere Art der Globalisierung entwickeln – vielleicht auch in gewisser Weise eine Deglobalisierung. Aber es wird immer noch globale Lieferketten geben, so glaube ich. Sie werden diversifizierter sein. Sie werden sich ändern, und vielleicht werden sie nach Hause verlagert in die heimischen Wirtschaften. Aber wenn das geschieht, wird es nicht mehr Arbeitsplätze geben, sondern eine höhere Automatisierung. Roboter werden dann stärker eingesetzt. Das heißt, wir müssen also umso mehr sicherstellen, dass inklusives Wachstum stattfinden kann und jeder davon profitiert. Wir können aber nicht einfach zurückkehren zu dem, was mal war.

Trump wollte die Kohle und die Industrien fördern, die es vorher schon gab. Das wird nicht passieren. Wir können nicht einfach das Rad zurückdrehen. Die Frage muss lauten: Was können wir jetzt tun, um etwas Neues aufzubauen, und zwar etwas Besseres als das, was es früher gab. *Wie* – das ist hier entscheidend. Wie wir das tun, ist die wirklich wichtige Frage der Agenda, die heute vor uns liegt. Es gibt da einen Aspekt, über den wir noch nicht gesprochen haben. Ich denke, der wird für Europa sehr wichtig sein. Es gibt zwei grundsätzliche Prinzipien, die ich hier nennen möchte: Erstens müssen wir sicherstellen, dass die Globalisierung einen Vorteil für alle bringt. Das wird nicht automatisch passieren. Einige der Handelsabkommen wurden in den 1990er-Jahren unterzeichnet. Da gab es Stimmen der US-Demokraten, die sagten, hier werden Arbeitsplätze vernichtet, wir brauchen eine aktive Arbeitsmarktpolitik, damit neue geschaffen werden in neuen Sektoren und so weiter – also alte Sektoren verschwinden und neuen müssen aufgebaut werden, das müssen wir fördern. Die Republikaner jedoch mochten die Idee, dass die Arbeitnehmer ein bisschen mehr leiden. Warum? Weil dadurch in Amerika die Verhandlungsposition der Arbeitnehmer geschwächt wurde. Da ist es ganz praktisch, dass man sich billige Arbeitskraft im Ausland einkaufen kann. Solche Entscheidungen gegen die Arbeitnehmerinteressen können so nicht mehr weitergehen.

» Diese Krankheit ist grenzübergreifend, und wenn sie irgendwo eine Bedrohung darstellt, dann stellt sie überall eine Bedrohung dar. Insofern ist es wirklich und tatsächlich im Interesse aller Menschen in der Welt, dass wir diese Pandemie unter Kontrolle bringen.

Eine neue Form der Globalisierung muss als Erstes ganz von vorne anfangen und anerkennen, dass tatsächlich alle wirklich besser gestellt werden müssen.

Am Ende des Zweiten Weltkriegs waren wir alle euphorisch. Da dachte man, wir werden eine marktbasierte Wirtschaft haben, die einhergeht mit liberalen Demokratien. Man sprach sogar vom Ende der Geschichte. Heute wissen wir, dass das im Grunde eine Fantasie war, eine Illusion. Aber wir wissen, dass wir immer noch zusammenarbeiten müssen, also auch mit Ländern, die eine schwache Wirtschaft aufweisen, und mit Ländern wie zum Beispiel China, damit in Bereichen globalen Wissens auch globaler Wandel stattfinden kann. Die Titanic ist hierfür eine ganz gute Analogie: Das Schiff sinkt, und man hat ein Rettungsboot. Da sitzen ein paar Leute drin, die man nicht mag. Wird man das Rettungsboot nun deshalb versenken? Klar, man liebt jemanden nicht, nur weil man mit ihm im gleichen Rettungsboot sitzt. Aber man muss kooperieren, man muss zusammenarbeiten, auch mit denen, die man nicht mag. Wir müssen das einfach tun, weil es nicht anders geht. Länder können sich dem nicht entziehen. Gleichzeitig dürfen wir unsere Werte nicht verraten, dürfen uns hier nicht kompromittieren. Wir wissen, dass es unterschiedliche Diskussionen darüber gibt, was freie Marktwirtschaft, liberale Marktwirtschaft und ähnliches bedeuten. Aber der Demokratie sind wir verpflichtet. Da gibt es Grundprinzipien, Grundrechte. Das müssen wir klipp und klar sagen, wenn Länder dagegen verstoßen. Deshalb ist es richtig, auch Amerika zu kritisieren, die Geschichte der USA, die rassistische Diskriminierung. Und ich glaube, dass Bewegungen wie *Black Lives Matter* da sehr hilfreich sind. Wir müssen aber gleichzeitig auch sehen, was in Hongkong passiert. Wir dürfen da nicht wegsehen. Das ist eine große Herausforderung, vor allen Dingen für Deutschland.

Denn Deutschland ist ökonomisch sehr abhängig von China. Aber diese wirtschaftliche Abhängigkeit darf ihre Verpflichtung gegenüber der Demokratie und den Menschenrechten nicht überdecken. Gut, wir müssen also kooperieren, aber auch immer wieder deutlich machen, welche Werte wir haben, was unsere Prinzipien sind. Ich meine, diese Idee, dass diese Globalisierung des freien Marktes automatisch Demokratie bringt, ist ja nun nicht richtig, oder? Das kommt nicht automatisch so. Ich war eigentlich immer sehr optimistisch, und ich habe mich mit vielen Ländern auseinandergesetzt in den letzten Monaten und Jahren. Und ich muss sagen: Es gibt viele Orte auf der Welt, wo die Demokratie tatsächlich gegriffen hat. Aber nicht überall. Auf globaler Ebene sehen wir natürlich Trends, was die Verbreitung der Demokratie angeht. Ja, zweifellos ist es in den letzten Jahren schwerer geworden, vor allem auch deshalb, weil es das Leadership der USA nicht mehr gab.

Trumps Sympathien waren wirklich etwas, das die Demokratie geschädigt hat: die Liebe zu Demagogen, die Nähe zu Brasilien, Russland, das nie eine ganze Demokratie geworden ist. Das Problem besteht darin, dass die Mehrheit der Menschen auf der Welt nicht in Demokratien lebt. Und selbst in Demokratien sehen wir immer wieder die Rückkehr von autoritärem Denken, verbunden mit Nationalismus oder Nativismus.

*** Krell ***

Die Globalisierung des freien Marktes und die Rückkehr des autoritären Denkens, des Misstrauens gegenüber demokratischen Institutionen in den USA, das ist etwas, das sie kommentiert haben in einem Text mit dem Titel *Can American Democracy come back?*, also in etwa *Gibt es eine Rückkehr zur amerikanischen Demokratie*. Wie sieht es aus mit diesem Misstrauen?

*** Stiglitz ***

Es gibt ein paar interessante metrische Studien, die von einer Gruppe am Massachusetts Institute of Technology, dem MIT, erstellt wurden, und diese Studien deuten recht deutlich darauf hin, dass in den Teilen der USA, die am stärksten von den Folgen chinesischer Importe seit Beginn des Jahrhunderts betroffen waren, große wirtschaftliche Probleme herrschen und es zunehmend mehr werden. Arbeitslosigkeit, sinkende Löhne und so weiter. Insgesamt ist die ökonomische Lage problematisch. Und das hat auch politische Konsequenzen, wie sich in den Studien zeigte. An vielen Orten wird die Politik durch diese Entwicklung massiv nach rechts gedrängt. An anderen Orten bewegt sich das ganz stark nach links. In jedem Fall verschärft es die Polarisierung, und die Bewegung nach rechts ist wesentlich stärker ausgeprägt als die Bewegung nach links. Dieser Hang zum Autoritarismus ist offenbar tatsächlich etwas, das sich hier ganz stark auswirkt. Das alles ist noch nicht im Detail erforscht worden. Aber einige Soziologen haben sich zu diesem Thema geäußert. Und als einer der Gründe für diese Entwicklung wird zum Beispiel genannt, dass den Menschen Versprechen gemacht wurden, die dann nicht erfüllt wurden. Gleichzeitig entsteht ganz stark das Gefühl, dass man alleingelassen wird, dass sich niemand kümmert, dass keiner wirklich die eigenen Interessen vertritt. Und man lebt im Elend. Also daher kommt dieses Misstrauen, das wir beobachten können. Auch die Obama-Administration hatte einen großen Beitrag zu dieser Malaise geleistet, denn sie wird als eine Regierung gesehen, die

die Banker gerettet hat, die die Finanzkrise von 2008 provoziert hatten: Den Menschen, die ihr Haus verloren haben, ihre Wohnung, ihren Job und so weiter, denen wurde nicht geholfen, aber den Banken. Das heißt, diese Enttäuschung oder dieses Gefühl des Alleingelassenseins hat sich bereits mit der letzten Regierung eingestellt und führte zum Beispiel auch zum Erstarken der *Tea Party*. Es war nicht richtig als Antwort, dass man den Banken Geld gab und ihnen damit half, einfach weitermachen und weiter diskriminieren zu können. Man will ja schließlich auch nicht das, was die *Tea Party* oder Trump wollen. Die richtige Antwort, die gegeben werden sollte, wäre die einer gut gesteuerten Marktwirtschaft mit einer Regulierung, die im Interesse der Gesellschaft erfolgt. Das war die Antwort.

Die Versprechungen, die sich daran knüpften, sind nicht erfüllt worden, und das hat letztendlich die Interessen derjenigen unterminiert, die diese Agenda eigentlich vorantrieben, und es hat Trump erlaubt, dieses Misstrauen, diese

Unzufriedenheit auszunutzen. Das ist eine tragische Ironie.

» Das Streben nach Eigeninteresse führt eben nicht zum Wohlergehen der ganzen Gesellschaft, sondern zu Gier.

*** Krell ***

Wie sieht es nun aus in der Pandemie, welchen Beitrag leistet sie zur Ungleichheit und Ungerechtigkeit oder auch zur Wahrnehmung derselben. Anfangs hatte man das Gefühl, wir sind alle gleich vor dem Virus. Aber das ist nicht länger der Fall.

*** Stiglitz ***

Nein, nein, dieses Virus ist keineswegs ein Gleichberechtigungs- oder Gleiche-Chancen-Virus. Covid-19 ist ein Virus, das besonders diejenigen hart trifft, die unter schlechten gesundheitlichen Bedingungen leben, und es gibt eine sehr hohe Korrelation zwischen schlechter

Gesundheit und niedrigem Einkommen. Das gilt insbesondere für Länder wie die USA, wo der Zugang zum Gesundheitswesen nicht als Grundrecht, als Menschenrecht betrachtet wird.

Die Lebenserwartung ist extrem niedrig in den USA. Trotz der Tatsache, dass wir so viel Geld ausgeben für die Gesundheitsversorgung oder für Gesundheit insgesamt, nämlich 18 Prozent des Bruttoinlandsprodukts. In anderen Ländern sind es nur 11 Prozent, wie in Frankreich zum Beispiel. In Deutschland sind es ein bisschen mehr als 11 Prozent, und wir müssen hier natürlich das unterschiedliche Pro-Kopf-Einkommen berücksichtigen – aber alles in allem haben wir, wenn wir das berücksichtigen, eine Situation wie in Frankreich. Das Ergebnis in den USA ist jedoch deutlich schlechter als in Frankreich. Das heißt, wir bieten dem Virus einen fruchtbaren Boden, von dem es profitieren kann.

Die bittere Ironie dabei ist, dass so viele Menschen, von denen wir offensichtlich abhängig sind – wir nennen sie *essential workers*, also Leute, die wirklich in lebenswichtigen Bereichen tätig sind –, gleichzeitig die sind, die am stärksten dem Virus ausgesetzt sind, zugleich die niedrigste Bezahlung und die schlimmsten Arbeitsbedingungen haben – und wir bieten diesen Leuten nicht mal Masken und Schutzkleidung an! Wir wollen ihnen nicht einmal einen bezahlten Krankheitsurlaub bieten, also Lohnfortzahlung im Krankheitsfall. Dieses Virus ist hinter den Armen her, und gleichzeitig leiden die Armen am meisten, und das alles führt zu noch mehr Ungleichheit und Ungerechtigkeit. Die Leute da oben, die Banker, die können einfach weitermachen. Aber die Leute, die an vorderster Front stehen, die Leute, die da vorne arbeiten, die zum Beispiel kellnern oder Kranke pflegen und so weiter, die verlieren ihre Jobs. Wir sehen also, wenn wir uns die Daten vergegenwärtigen, dass die, die ganz unten sind, weiter sinken, und dass die Erholung für die da oben nur eine Schein-Erholung ist.

* **Krell** *

In einem Ihrer jüngeren Bücher schreiben Sie über den progressiven Kapitalismus im Zeitalter der Unzufriedenheit. *People, Power, and Profits* heißt der Titel. Ganz offenbar haben wir es ja mit einer Ohnmacht zu tun, mit Machtlosigkeit. Die Menschen können ihre Arbeitsbedingungen, unter denen sie leiden, nicht ändern und haben das Gefühl, dass sie auch die politischen Umstände nicht ändern können. Wie sähe denn eine Agenda aus, die Ihnen das sichere Gefühl gibt, wirkliche Macht zu haben und Einfluss nehmen zu können auf die Dinge, wie sie sind.

* **Stiglitz** *

Ja, ich habe mir lange Gedanken gemacht über den Titel meines Buches, und ursprünglich wollte ich herausarbeiten, wie es um die sozialen Institutionen bestellt ist. Eigentlich geht es ja bei Märkten und Regierungen darum, dass sie das Leben der Menschen bereichern, das heißt, zum einen sollten sie Institutionen sein, die vor allem die Menschen im Blick haben. Aber zum Zweiten geht es natürlich auch um Macht. Marktfundamentalismus, Neoliberalismus, das sind Ideen, die auf dem Gedanken einer konkurrierenden Ökonomie basieren, in der niemand mächtig ist. Im Grunde ist in diesem Prozess der Debatte über den Neoliberalismus der Begriff *Macht* aus dem Bereich der Ökonomie herausgesaugt worden, als ob niemand eigentlich Macht haben wollte. Diese Sichtweise ist aber falsch. Natürlich gibt es Instrumente, mit denen wir uns helfen können, wenn es um das Konzept der Macht geht. Denken wir an die Spieltheorie. Hier haben wir mathematisch präzise Werkzeuge, die einen enormen Einfluss besitzen. Der deutsche Wirtschaftswissenschaftler Reinhard Selten zum Beispiel hat ja für die Spieltheorie den Wirtschaftsnobelpreis bekommen. Das heißt, wir haben durchaus Instrumente, um mit dieser Frage fertig zu werden, ja, wir haben Macht, wir haben sogar eine Machtkonzentration, und diese Macht findet sich sowohl in der Wirtschaft als auch in der

Politik. Und das Gefährlichste für die Demokratie ist diese Verbindung aus wirtschaftlicher und politischer Macht. Wir haben eine große Reihe von Sektoren in unserer Wirtschaft, in der ein, zwei oder drei große Unternehmen dominierend sind. Google und Facebook zum Beispiel, das sind mächtige Unternehmen. Indem sie politische Desinformationen ermöglichen, können sie sogar Wahlen manipulieren. Wir wissen das. Es passiert, und zwar nicht nur in den USA. Auch überall in Europa. Wir wissen also welche Macht diese Unternehmen, diese Konzerne haben. Ein Problem ist das vor allen Dingen in demokratischen Ländern wie den USA, wo man mit Geld Stimmen kaufen kann – und zwar nicht so wie in armen Ländern, sondern durch Werbung, durch eine Vielzahl von Kommunikationskanälen. *Money matters.* Geld spielt sehr wohl eine Rolle.

In den USA gibt man enorm viel davon aus in Wahlkämpfen, auch bei den letzten waren es wieder Milliarden Dollar. Wir nennen das *Campaign Contributions*, Wahlkampfbeiträge.

Das sind aber keine Beiträge zum Wahlkampf im eigentlichen Sinne, denn es handelt sich um Geld großer Unternehmen, um Investitionen. Investitionen, um genau die Gesetze zu bekommen, die sie haben wollen. Diese Leute wollen keine Steuern bezahlen. Sie wollen ein Steuerrecht, das die Steuern erhöht für die Mittelschicht, damit die Milliardäre in den großen Konzernen weniger Steuern bezahlen. In den USA gibt es allerdings auch viele Milliardäre, die an soziale Gerechtigkeit glauben. Leute wie der Unternehmer Warren Buffett zum Beispiel, die sagen, es ist falsch, wenn ich weniger Steuern bezahlen muss, also einen niedrigeren Steuersatz habe, als eine Sekretärin. Tag für Tag werden wir daran erinnert, dass es zwei Seiten des menschlichen Wesens gibt. Wir wissen, dass die Art und Weise, wie Menschen sich verhalten, abhängig ist von den Strukturen, die sie umgeben. Das heißt, wenn es da Vorbilder gibt, die egoistisch sind, dann bleiben die anderen ebenfalls auf dieser Schiene und verhalten sich ebenso egoistisch. Einer der Gründe, warum es im Finanzsektor so viel Gier gibt, besteht ja gerade darin, dass die Gier sozusagen salonfähig geworden ist.

» Gier hat 2008 zur Finanzkrise geführt, und zwar nicht nur in einem Land, sondern in vielen Ländern.

Wir sehen Institutionen in unserer Gesellschaft, die gierig sind. Aber wir sollten stattdessen Institutionen haben, die kooperativ funktionieren. Als Eltern versuchen wir sehr, sehr viel in die Erziehung unserer Kinder hineinzustecken, damit sie genau das lernen, hart zu arbeiten, kooperativ zu sein, solidarisch und so weiter und manchmal haben wir auch Glück und sind erfolgreich damit.

*** Krell ***

Ich weiß genau, was Sie meinen. Heute Nachmittag hatten wir einen ziemlichen Kampf mit unseren beiden Kindern. Aber wenn wir uns einmal die Instrumente anschauen, auf der Ebene des Nationalstaats, was sollte da gefördert werden, damit es zu einer faireren Wirtschaft kommen kann. Steuern sind vielleicht eine Möglichkeit, aber es gibt ja sicherlich noch andere Instrumente?

*** Stiglitz ***

Genau, die Ökonomen erkennen heute viel mehr als in der Vergangenheit, dass die Märkte nicht in einem Vakuum existieren. Man braucht Strukturen, und dazu gehören natürlich auch Gesetze, denn Gesetze formen ja Strukturen innerhalb einer Gesellschaft. Wir haben das Kartellrecht, Bestimmungen zur Wettbewerbsfähigkeit, wir haben auch das Arbeitsrecht und so weiter. Wenn wir also Gesetze schaffen, die den Arbeitgebern mehr Rechte einräumen, aber nicht den Arbeitnehmern, was bekommt man dann heraus? Unter dem Strich natürlich Ungleichheit. Oder das Insolvenzrecht. Das wird oftmals als eine Art „altes Recht“ betrachtet, da gibt es nur spezialisierte Anwälte, die sich um so etwas kümmern. Nun, vor 50 Jahren waren die Banker ein sehr wichtiger Teil derer, die da die Spielregeln mitgestaltet haben. Und wir haben in der jüngsten Vergangenheit gesehen, welche merkwürdigen Aktivitäten da entfaltet worden sind. Es gibt faule Produkte, die vorangebracht wurden, und wozu hat das geführt? Zur weltweiten Finanzkrise 2008. Merkwürdige Finanzinstrumente – wie konnte das geschehen? Weil alles hinter verschlossenen Türen abgehandelt wurde. Niemand wusste davon. Und dann haben wir auch noch Bestimmungen erlassen, im privaten Bereich zum Beispiel, die es möglich machen, dass man sehr leicht dazu verführt wird, einfach mal hier oder da einen Kredit aufzunehmen. Das führt zu einer bestimmten Kultur. Und am Ende haben wir sozusagen auch noch Arbeitnehmer erschaffen, die völlig verschuldet sind und im Grunde lebenslang 25 Prozent ihres Einkommens an die Banken zurückzahlen müssen. Man bekommt dann gerade so ein bisschen Einkommen, und das andere geht in die Kredite, die man abzahlen muss, und zwar ein Leben lang. Das ist grausam, und wir fragen uns, wie man denn so was machen kann? Aber wenn wir auf das Thema zu sprechen kommen, was wir vorher erwähnt haben, wenn wir ein politisches System sehen, das so korrupt ist und die Macht dorthin gibt, wo das Geld sitzt, also in große Unternehmen, was soll denn dabei herauskommen? Natürlich wird das Ganze auf Eigeninteressen abgestimmt. Es muss daher ein zentrales politisches Ziel sein, genau das zu ändern. Wir müssen Verteilungsgerechtigkeit herstellen. Ja, Ausgaben sind wichtig, die Steuerpolitik ist wichtig. Und natürlich die Spielregeln, die sind entscheidend.

*** Krell ***

Sie haben auch darüber gearbeitet, wie wir Wachstum messen. Es ist ja nicht nur die Frage, ob es sozusagen zu einem größeren Glück des Einzelnen führt, der eine gute Marktstellung hat.

*** Stiglitz ***

Genau. Ich habe zwei Bücher geschrieben zu diesem Thema, wie man die Regeln umschreiben kann und die Wirtschaft fairer macht, auch mit Blick auf die europäischen Volkswirtschaften. Zusammen mit einer Gruppe von Volkswirten, die großartige Studien gemacht haben, haben wir Vergleiche angestellt, auch mit Studien, die in Amerika durchgeführt wurden. Aber was sollte denn überhaupt dabei rauskommen? Was soll das Ziel unserer Studien sein? Nun, wir leben in einer Gesellschaft, die in metrischen Größen aufgebaut ist. Also wollen wir alles messen.

Meine Arbeit betont aber, dass wenn man das Falsche misst, man auch das Falsche tut. Deswegen haben wir gesagt, wir brauchen einen demokratischen Dialog darüber, was wir wirklich messen wollen, was wir brauchen. Ich war Vorsitzender einer Kommission unter der Ägide des früheren französischen Präsidenten Sarkozy, da gab es illustre Kollegen, die haben gesagt, das Bruttoinlandsprodukt, das BIP, ist kein gutes Maß für den Wohlstand einer Gesellschaft. Das wurde herausgegeben in einem Buch von mir, Amartya Sen und Jean-Paul Fitoussi mit dem Titel *Mismesuring our lives*.

» **Es geht darum, das Richtige zu messen, um in die richtige Richtung voranzuschreiten.**

Denn wir müssen von Ungleichheit sprechen. Aber das tut das BIP nicht. Und wenn wir eine gute Gesellschaft wollen, geht das anders, als nur das BIP zu messen.

Wir wollen auch die nächste Generation nicht zu sehr belasten. Wir müssen uns um Klimagerechtigkeit kümmern und so weiter und so fort. Die Parameter, die wir aber aktuell meist messen, beziehen nicht all die Dimensionen ein, die wichtig sind, um das Wohlergehen der Gesellschaften zu gewährleisten. Viele Menschen in Europa sagen, vier oder fünf Wochen Sommerferien sind für uns ganz wichtig. In den USA gestatten viele Unternehmen nur zweiwöchige Urlaube, weil wir in den USA ein höheres BIP haben. Das hat natürlich auch einen Grund darin, dass wir weniger Urlaub genießen dürfen. Aber führt das zu höherem Wohlergehen der Menschen? Nein. Es gibt also eine breit gefächerte Agenda, viele Kriterien müssen berücksichtigt werden, die in die Frage einfließen, was eine gute Gesellschaft ausmacht: Wirtschaftlicher Fortschritt, ja, das wollen wir, aber wie können wir das messen? Hier hat die OECD eine Vorreiterrolle gespielt und einen Index für besseres Leben geschaffen, es wurden verschiedene Dimensionen aufgegriffen und gefragt: Was gehört dazu, um eine bessere Gesellschaft zu bauen? Also, es geht darum, das Richtige zu messen, um in die richtige Richtung voranzuschreiten.

Genau darum geht es: um das Glück der Menschen – aber so, wie es in der Verfassung steht. Was können wir dafür tun? Auf dieser Ebene sind wir jetzt angekommen, und die Frage lautet: Was tun wir mit den Investitionen, die wir benötigen?

*** Krell ***

Ja, welche Investitionen brauchen wir, gerade jetzt in Zeiten der Pandemie?

*** Stiglitz ***

Nun, das steht in engem Zusammenhang mit der vorhergehenden Frage. Wir haben gehofft, dass es in der Pandemie eine V-Kurve geben würde, also nach dem Abfall einen scharfen Umschwung wieder nach oben. Wir hatten gehofft, dass das Ganze höchstens sechs, acht Wochen andauern würde. Dann könnten wir gleich wieder zurück in unsere alte, normale Wirtschaftswelt. Aber das war eine Illusion. Viele Leute sagten, wir wollen wieder dahin zurück, wo wir 2020 standen. Heute sehen wir, welche Probleme Covid aufwirft: fehlende Resilienz, gestörte Lieferketten, zahlreiche Sektoren, die sehr schwer betroffen sind, auch der Wissenssektor zum Beispiel, der ein zukunftsorientierter Sektor ist. Die Länder sprechen weltweit davon, es heute besser machen zu wollen als in der Vergangenheit. Wir wollen also nicht zurück zum Jahr 2020, sondern etwas Neues bauen. Wir wollen eine Welt nach der Pandemie, eine neue Welt aufbauen.

Die Regierungen haben sehr viel Geld ausgegeben, so viel wie noch nie, und weil die Regierungen und der Staat intervenieren mit Geld, das ja unser Geld ist, haben die Bürgerinnen und Bürger auch das Recht, wirklich gehört zu werden mit dem, was sie jetzt wollen. Wir sollten also darüber nachdenken, welche Wertprioritäten wir als Individuen haben. Der zweite Punkt, den ich hier anführen möchte, ist: Wir haben so viel Geld ausgegeben, dass es wirklich gefährlich wäre, damit noch weiter fortzufahren. Deshalb müssen wir sicherstellen, dass das Geld, das wir ausgegeben haben, tatsächlich auch seinen Zweck erfüllt. Wir nutzen das Geld, um die Wirtschaft wieder anzukurbeln. Aber nicht, um dorthin zurückzugelangen, wo wir hergekommen sind, sondern um eine neue Art der Wirtschaft zu entwickeln und zu gestalten. Für die USA, und wahrscheinlich für viele andere Volkswirtschaften, gilt: Wir brauchen jetzt den Übergang zu einer grünen Wirtschaft. Das ist eine existenzielle Frage für die gesamte Welt. Und wir wollen eine Wirtschaft haben, die gerechter arbeitet und funktioniert, denn die heutige Spaltung unserer Gesellschaft ist viel zu groß, wir müssen sie überwinden. Wir müssen unsere Volkswirtschaften wissensbasierter aufstellen. Denn in der Zukunft wird genau das nachgefragt werden: Wissen, Bildung, Kompetenz. Aber ein Sektor, der von der Pandemie besonders hart getroffen wurde, ist genau dieser Bildungssektor. Und wir brauchen natürlich auch eine gesündere Wirtschaft. Es ist ganz selbstverständlich, dass wir für eine gesündere Wirtschaft auch gesündere Menschen brauchen. Wenn das vorhanden ist, haben wir am Ende auch eine größere Resilienz gegen Krisen.

*** Krell ***

Sie skizzieren hier eine politische Agenda und wie die Einbettung der Märkte in die Gesellschaft langfristig aussehen sollte. Sie haben auch über Investitionen gesprochen, damit eine Erholung überhaupt greifen kann und ein Aufschwung wieder möglich wird. Die Agenda, die Sie präsentieren, erinnert mich an die politische Philosophie der Sozialdemokraten. Zum Beispiel die Frage der Verhandlungsmacht von Gruppen.

*** Stiglitz ***

Durchaus, wenn ich mein Buch *People, Power, and Profits* in Europa geschrieben hätte, hätte ich einen anderen Titel gewählt. Ich hätte sicherlich von einer neuen Sozialdemokratie für Europa gesprochen. Denn es ist im Grunde tatsächlich eine sozialdemokratische Agenda, aber eine verjüngte, eine wiederbelebte, wenn Sie so wollen – gleichwohl auch ein Rückgriff auf sozialdemokratische Ziele, wie sie schon lange bestehen. Die Welt ändert sich und wir müssen permanent neu bewerten, was die Ziele aus Sicht der Sozialdemokratie sind und wie sich diese erreichen lassen. Wir wollen zwar optimistisch sein, aber wenn Sie sich mal die politischen Kräfte in Europa anschauen, sieht es doch nicht so leicht aus. Wir denken schon, dass die Sozialdemokratie gute Ideen beizutragen hat, und dennoch ist es schwer, optimistisch zu sein. Denn in vielen Teilen Europas – auch in den USA – herrscht eine politische Lage, die deprimierend ist. Trotzdem füge ich dem doch mal ein Quäntchen Optimismus hinzu, denn ich komme aus dem mittleren Westen, und da sind wir optimistisch. Was mich optimistisch sein lässt, ist das Engagement junger Menschen, meiner Studierenden, der Menschen, die in ihren Zwanzigern, Dreißigern stehen. Wenn wir nun die sozialdemokratische Agenda ansehen und das vergleichen mit dem, was jungen Menschen heute wichtig ist, stellen wir fest, dass praktisch jede zweite sozialdemokratische Forderung von jungen Menschen unterstützt wird: Gesundheitsversorgung, Bildung, Gleichheit, Gleichberechtigung, soziale Gerechtigkeit, Antirassismus, Mindestlöhne – jedes einzelne dieser wichtigen Themen, auch die Wettbewerbspolitik zum Beispiel. Wir reden aber meist mit Älteren. Als ich mit meinen Studierenden redete, habe ich befürchtet, viel Gegenwind zu bekommen, aber die sagten mir: Du brauchst nicht lange zu argumentieren, wir sind deiner Meinung. Es gibt keinen Streit. Das ist interessant. Bernie Sanders empfindet das vielleicht ein bisschen ähnlich wie ich. Hallo, hier sind ein paar sogenannte Senioren, die den jungen Menschen durchaus nahe sind! Das Problem sind die dazwischen.

*** Krell ***

Es gibt noch eine letzte Frage, die ich gerne ins Gespräch werfen möchte. Sie sprechen über Generationen, über den Optimismus, über das gemeinsame Interesse von jungen und älteren Menschen. Wird der Kampf um eine neue Welt massive ideologische und soziale Kämpfe mit sich bringen?

*** Stiglitz ***

Ja, ich glaube schon. Es gibt jetzt schon Konflikte, schauen Sie in die USA. Dennoch werden wir hier zwei Formen unterscheiden müssen. In den fortschrittlicheren Ländern wird man versuchen, viele von den Menschen, denen es nicht so gut geht und die an unserem Wohlstand nicht so gut partizipieren können, davon zu überzeugen, dass eine progressive, eine sozialdemokratische Agenda die beste Möglichkeit für sie ist, gut zu leben. Das spiegelt doch auch die Werte der Demokratie wieder, die wir tatsächlich umsetzen müssten. Und auch das betone ich in meinem aktuellen Buch. Es geht hier sozusagen um die Reaktualisierung der Ziele der Aufklärung – 200 Jahre später. Damals ging es um die Bedeutung von Fortschritt und Wissenschaft, darum, sich von autoritären Systemen unterschiedlicher Prägung abzuwenden, egal ob es Monarchien waren oder anderes. Es ging um die Schöpfung neuer sozialer Institutionen, die demokratischer sind. Das ist die Schlacht, die wir, glaube ich, auch heute schlagen müssen und die wir in den fortschrittlicheren Ländern auch durchaus gewinnen können. Ich sage das, weil zwei von drei Leuten genau solche Ideen unterstützen. Vorausgesetzt, es gelingt uns, die Demokratie lange genug zu bewahren.

Aber es gibt noch einen anderen Kampf, der in den Entwicklungs- und Schwellenländern geführt wird, wo man sich bemüht, die Riesenkluft zwischen sich und den fortgeschrittenen Ländern zu überbrücken. Schauen wir uns mal die Länder an, die sich erfolgreich entwickelt haben: Das waren auch Länder, die nicht demokratisch sind.

» Da gab es eine Zeit, wo sehr viel geschehen ist, um das eine Prozent reicher Menschen auf der Welt noch reicher zu machen und die restlichen 99 Prozent irgendwie unter den Tisch fallen zu lassen.

Und da könnte es sein, dass man das Argument ins Feld führt: Demokratie ist ein Luxus für die Reichen. Das ist falsch, denke ich. Aber das kann passieren. Ich glaube, dass sich niemand Autoritarismus leisten kann. Man muss sich fragen, was das bedeutet für eine Gesellschaft, was es macht mit den Menschen und dem menschlichen Geist, mit dem Individuum, das nicht alles akzeptieren will. Das ist also der andere Kampf, der zu führen ist. Dafür müssen die wohlhabenderen Länder zusammenarbeiten, um den Schwellen- und Entwicklungsländern Chancen zu bieten und zu sagen: Hier gibt es einen anderen Weg, und wir unterstützen euch dabei – einen Weg zu fairem Handel, einen Weg zum Teilen von Wissen in multilateralen Institutionen. Das ist eine Agenda, die, wenn die Pandemie erst einmal vorbei ist, eine ganz wichtige sein wird.

Aber auch schon jetzt, mitten in der Pandemie, sehen wir Aspekte, die in diese Richtung weisen: zum Beispiel die Sonderziehungsrechte, die ich genannt habe, dieses Geld, das der IWF beschaffen kann. Das führt uns zurück zum Anfang unseres Gesprächs. Wir brauchen globale Kooperation, wir brauchen globale Institutionen, die die Zusammenarbeit fördern. Das ist in unser aller Interesse, um die Kluft zwischen den Ländern zu überbrücken, damit Demokratie weltweit bestehen kann. Es wird sicherlich Konflikte geben, aber wir haben ja aus der Geschichte gelernt, dass es immer Konflikte gibt auf dem Weg des Fortschritts. Wir können gleichzeitig auch optimistisch sein, wenn wir uns das große Bild anschauen. Es ist eine Geschichte der Prozesse.

*** Krell ***

Wir nähern uns dem Ende unseres Gesprächs. Schön wäre es, noch länger sprechen zu können. Eine letzte Frage vielleicht noch.

Wir wollen optimistisch bleiben. Blicken Sie doch bitte mal in die Zukunft, 10, 20, 30 Jahre. Werden wir eine bessere Ökonomie haben, die den Menschen besser dient? Und wenn ja, was wäre das Wichtigste, was wir 2021 ändern müssen?

* **Stiglitz** *

Nun, da gibt es nicht nur eine Sache, die ich nennen könnte.

Wir müssen wirklich lernen, eine Vielzahl von Dingen gleichzeitig zu managen. Wir müssen unsere Lektionen aus der Vergangenheit lernen, und wir müssen mehr Gleichheit, mehr Gerechtigkeit und mehr wissensbasierte Ökonomie schaffen. Wenn wir den Klimawandel nicht aufhalten, wenn wir dieses Problem nicht lösen, werden wir übrigens gar nichts mehr tun können. Und wenn wir das Problem der großen Kluft in unserer Gesellschaft nicht lösen, dann auch nicht, dann werden wir auseinandergerissen. Diese beiden Themen erscheinen mir als die wichtigsten, die wir angehen müssen. Und da haben wir gar keine Wahl. Wenn wir dann im Jahr 2030 zurückblicken und uns fragen, was wir richtig gemacht haben, dann werden wir vielleicht sagen können, dass wir diese beiden Dinge im Kopf gehabt haben in dem Erholungsprozess nach Covid-19.

*** Krell ***

Vielen herzlichen Dank.

*** Stiglitz ***

Ich hoffe, 2030 auch noch dabei zu sein…

Die Gesprächspartner

Joseph Stiglitz ist Professor für Wirtschaftswissenschaften an Columbia University in New York. Zuvor lehrte er in Yale, Princeton, Oxford und Stanford. Von 1997 bis 2000 war er Chefökonom der Weltbank und ab 1993 Wirtschaftsberater der US-Regierung unter Präsident Bill Clinton. 2001 erhielt Stiglitz für seine Arbeiten den Alfred-Nobel-Gedächtnispreis für Wirtschaftswissenschaften.

Christian Krell ist Professor für Staatsrecht und Politik an der Hochschule des Bundes für öffentliche Verwaltung und Honorarprofessor an der Universität Bonn. Er ist Mitglied der Grundwertekommission der SPD und leitete zuvor das Büro der Friedrich-Ebert-Stiftung für die nordischen Länder mit Sitz in Stockholm.

Die Herausgeber

Thomas Hartmann arbeitet im Referat Lateinamerika und Karibik der Friedrich-Ebert-Stiftung und ist verantwortlich für die Gesprächsreihe »rausgeblickt«. Er ist unter anderem Herausgeber von *Utopien. Für ein besseres Morgen* und *Zukunft der Demokratie*.

Jochen Dahm leitet die Akademie für Soziale Demokratie der Friedrich-Ebert-Stiftung, mit der die Stiftung einen Ort zur Reflexion grundsätzlicher Fragen aus Sicht der Sozialen Demokratie geschaffen hat. Er ist unter anderem Herausgeber von *Utopien. Für ein besseres Morgen* und *Zukunft der Demokratie*.

* Weitere Informationen unter www.dietz-verlag.de

Weitere Titel dieser Reihe *

* rausgeblickt: Maja Göpel

Pandemie und Klima
Ein Gespräch über eine nachhaltige Welt
ISBN 978-3-8012-0602-4

* rausgeblickt: Thomas Piketty

Pandemie und Ungleichheit
Ein Gespräch über die Ideologie des Kapitals
ISBN 978-3-8012-0601-7

* rausgeblickt: Teresa Bücker

Pandemie und Geschlechter
Ein Gespräch über eine feministische Zukunft
ISBN 978-3-8012-0604-8

* rausgeblickt: Lisa Herzog

Pandemie und Arbeit
Ein Gespräch über eine demokratische Wirtschaft
ISBN 978-3-8012-0605-5

* rausgeblickt: Gesine Schwan

Pandemie und Solidarität
Ein Gespräch über gesellschaftlichen Zusammenhalt
ISBN 978-3-8012-0603-1

* rausgeblickt: Andreas Reckwitz

Pandemie und Staat
Ein Gespräch über die Neuerfindung der Gesellschaft
ISBN 978-3-8012-0606-2

* rausgeblickt: Heinz Bude

Pandemie und Gesellschaft
Ein Gespräch über eine Zeitenwende
ISBN 978-3-8012-0608-6